M. DE LAMARTINE

PAR

HIPPOLYTE CASTILLE

Auteur de la Seconde République (1848 à 1852)

AVEC PORTRAIT ET AUTOGRAPHE

Prix : 50 centimes

PARIS

FERDINAND SARTORIUS, ÉDITEUR

9, RUE MAZARINE, 9

1857

Monsieur collègue et ami,

Voici un de vos meilleurs professeurs de mon pays plus près par vous et j'essaye en allant vous solliciter pour quelque chose de mieux un type excellent homme et j'my intéresse

Mille affectueux hommages

Lamartine

25 avril

Tiré de la Collection de M. F. Drouin.

Paris, Ferd. Sartorius éditeur 9 r Nazarine.   Imp. Villain, r. de Sèvres, 45, Paris.

LAMARTINE

Fer^d SARTORIUS. Edit. 9. r Mazarine

PORTRAITS HISTORIQUES

Au dix-neuvième siècle.

32

M. DE LAMARTINE

PAR

HIPPOLYTE CASTILLE.

PARIS

FERDINAND SARTORIUS, ÉDITEUR,

9, RUE MAZARINE, 9.

1857

PARIS

IMPRIMERIE DE L. TINTERLIN ET C°,

RUE DES BONS-ENFANTS, 8.

M. DE LAMARTINE.

« Tant de paroles pour les
paroles seules. »

*« Ô Pithagoras, que n'escon-
juras-tu ceste tempeste !»*
(MONTAIGNE.)

M. de Lamartine est assurément l'un des
hommes de France qui ont le plus fait parler d'eux. Cela tient, surtout, à ses brillantes
qualités et aussi à la diversité de ses talents
et de ses aptitudes.

Il y a dans M. de Lamartine cinq physio-
nomies bien tranchées : le diplomate, le
poëte, l'orateur, l'homme d'État et l'homme
tombé. Par goût, autant que par la nature de

cette publication, c'est de l'homme historique que nous nous occuperons ici.

L'étoffe serait assurément plus large et plus variée s'il s'agissait du poëte ; mais ce serait nous écarter du cadre que nous avons choisi. A quoi bon, d'ailleurs, user les yeux du lecteur et le bec de notre plume à commenter le murmure d'une fontaine, le bruit du vent dans les feuilles, ou tout au plus quelque soupir amoureux mêlé de vagues aspirations vers le ciel et les étoiles, ou vers ce dieu romantique qui a fourni tant de rimes en *eu* et en *va* aux rapsodes du siècle ?

Disons-le même, sans nulle offense, parler de M. de Lamartine à cette heure n'est point chose attrayante, à quelque point de vue qu'on se place. Son nom ne saurait éveiller un sentiment d'amour ou de haine. Qui donc aurait le courage de haïr cet infortuné ? Mais qui, d'un autre côté, prendrait intérêt à de telles infortunes ? Quelle vive sympathie pourrait-il exciter aujourd'hui ? Par quoi tient-il, d'ailleurs ? au temps présent ou à l'avenir ? Est-il vivant ? Est-il mort ? Faut-il le ranger parmi ces renommées retentissantes qui appartiennent à l'histoire, et dont l'écrivain, écho du jugement public, pèse le bagage de gloire? Est-ce, au contraire, un de ces vieillards qui, sous leur tête blanchie, recèlent la séve de la jeunesse? Est-ce un sage, qui doit, comme Socrate, expier de grandes vérités en sablant la ciguë?

Hélas! non. M. de Lamartine est une de ces individualités négatives, inconsistantes, miroitantes comme le prisme, sonores comme la guitare, mais fragiles et vides peut-être comme elle. Il est l'Homère du creux et du vague. Dans le mouvement du siècle il représente la sensibilité superficielle, l'enthousiasme sans but et sans objet, l'émotion de l'épiderme, la cadence des mots, le nuage inconsistant et majestueux de tout ce qui ressemble à un sentiment ou à une idée, mais qui n'est ni l'un ni l'autre.

Il est, au dix-neuvième siècle, la plus belle, la plus haute, la plus noble, la plus pure, la plus brillante expression de la viduité et de l'ignorance parmi les classes lettrées.

Entendons bien que par là je n'entends pas

dire incivilement : M. de Lamartine est un écrivain vide et un ignorant, tant s'en faut. De telles paroles ne s'emploient que substantivement et par généralité. Je veux seulement exprimer ici que s'il a existé quelque part une femme pleurant au clair de lune en robe d'organdie, dépourvue de sens et de sentiments, et tourmentée pourtant du besoin de se figurer que tout cela déborde en elle; que s'il s'est rencontré en France des jeunes gens sans convictions, sans idées nettes, doués d'une imagination à l'évent, comme ces mauvais chiens qui, lâchés en plaine, confondent indistinctement toutes les pistes, font lever l'alouette pour la perdrix, prennent la petite bête pour la grosse; des têtes faites comme des conques, pour rendre un murmure reçu, plus éprises du bruit de l'idée que de l'idée elle-même; que s'il a existé dans Paris, la banlieue et les provinces, d'honnêtes familles nourries de la lecture des romans et des magazines, des foyers calmes et débonnaires comme celui du *Vicaire de Wackefield*, mais où jamais ne pénétra un seul instant une exacte notion des

affaires de ce monde, et que la politique envahit tout à coup en 1848; je pense, dis-je,
que, pour ces femmes, M. de Lamartine fut
le plus éloquent poëte du monde, pour ces
jeunes gens, le plus grand historien, pour
ces honnêtes ménages, le plus éminent homme d'État.

Comme Mme de Staël, hélas! et comme
une foule d'autres, M. de Lamartine est pétri d'un métal qui s'exfolie et se dédouble.
Jamais le malheur, la passion, la conviction
ne l'ont serré d'un écrou assez puissant pour
rassembler et solidifier son unité. Il ne s'est
jamais perdu de vue depuis qu'au sortir de
l'enfance il s'est, pour la première fois,
aperçu. L'aise ou le soin seulement de se
contempler, ont tué en lui ce qui, dans la
politique comme dans l'art, comme dans l'amour, constitue la sincérité, ou, pour parler
un langage moins esthétique, l'abandon,
source de vraie bonne foi et, partant, de puissance réelle.

Ce malheur, cette imperfection, sont, à la
fois, le grand secret du succès inouï et de la
chute plus inouïe encore de M. de Lamar-

tine. Ce vice a contribué, sans doute, à sa popularité, mais il a gâté ses belles qualités et dons de nature en l'empêchant de rien créer de solide.

Comme il existe dans le monde, dans toutes es classes, et surtout parmi les classes lettrées, une multitude de femmes et de jeunes gens qui, sans avoir ni physiquement, ni intellectuellement les mêmes motifs que M. de Lamartine de se regarder au miroir, n'en sont pas moins l'objet de leur propre amour et contemplation, M. de Lamartine s'est trouvé l'un des principaux patrons de cette fourmillante lignée.

Aussi, a-t-il un moment éclaté en renommée comme le bouquet d'un feu d'artifice; mais cela n'a duré, comme l'artifice, que l'espace d'un instant.

Beaucoup, partageant ses faiblesses, se sont glorifiés en lui et l'ont, de leurs suffrages, hissé plus haut qu'il ne devait aller. Mais, à ce point culminant, l'oiseau de paradis, manquant d'haleine et d'envergure, est retombé pésamment sur le sol, le plumage en désarroi et tout ébouriffé d'un tel voyage.

Il ne fait bon s'oublier à songer à soi-même que pour, comme le sage Montaigne, non admirer, mais étudier.

Chez les hommes, comme parmi les plantes et les animaux, il y a des destinées harmonieuses. Un sapin fait bien sur la montagne, un marronnier dans les allées d'un parc, un cygne sur un bassin de marbre entouré de statues dans le goût de Coysevox ou du Puget.

M. de Lamartine a eu cette heureuse prédestination de naître et de croître dans le milieu le plus convenable pour ses aptitudes, son caractère et sa physionomie. Il vint au monde en 1790, à Mâcon. Son père, M. de Prat, servait dans la cavalerie; sa mère descendait de Mme Des Rois, sous-gouvernante dans la famille d'Orléans.

Les premières années de sa vie s'écoulèrent sous les ombrages d'un petit manoir où n'arrivait même pas le bruit lointain de la Révolution. Sa mère fut sa première institutrice. On l'éleva dans les principes religieux et légitimistes. Il quitta le manoir pour le collége des pères de la Foi, à Belley, sortil du cloître, ses études achevées, pour voyager en Italie, et vint à Paris au moment où l'Empire touchait à sa fin.

Un gentilhomme ainsi formé, élégant et beau, plein de cette distinction, qui n'est pas, quoi qu'on dise, un privilége de l'aristocratie, mais un don naturel développé par l'éducation, avait tout ce qu'il fallait pour faire l'ornement d'une cour. Les circonstances servirent à souhait M. de Lamartine (1), car un an après l'arrivée à Paris du jeune poëte, la destinée dit à Napoléon : Tu n'iras pas plus loin.

M. de Lamartine entra dans les gardes-du-corps; mais après les Cent-Jours il quitta le harnais militaire. Les passions de son âge l'absorbaient. Il leur paya ce tribut auquel nul n'échappe.

Les poëtes, corporation puissante, où chacun déteste le voisin, mais où l'esprit de corps est aussi vivace qu'en la Compagnie de Jésus, sont gens aimables et irritables. Il faut donc éviter ce qui peut froisser des es-

______

(1) Nom de son oncle maternel.

prits qui contribuent autant à nos plaisirs et qui supportent si malaisément la critique. Mais ce n'est pas les offenser que définir leur complexion. A mon sens, ils ressemblent à ces malades atteints de la diabète, chez qui tout aliment se métamorphose et jaillit, par le canal, en fontaine de sucre. Tout en eux tourne et dégénère en poésie. La perte d'une maîtresse, ou d'une mère, ou d'une fille, la chute d'un empire, l'adoration à la divinité, ce qu'il y a de plus caché dans le particulier et de plus grave dans les choses publiques, tout cela, pour eux, se scande, se nombre, se croise et leur sort de la plume avec la rime au bout.

C'est un mal bien étrange, mais qui, chez les barbares comme chez les civilisés, provoque communément l'admiration. Soit que cette musique parlée chatouille l'oreille, soit qu'il y ait plaisir à voir un homme accomplir avec la parole des tours de force aussi singuliers que ceux d'un jongleur avec des poignards, des anneaux et des boules, toujours faut-il avouer qu'on lit avec agrément des vers, alors même qu'ils ne signifient rien. Mais c'est une conséquence trop fréquente de cet art, que les contours, dislocations et exercices que la pensée est obligée de subir pour l'alignement et ordre de bataille des mots, nuit à la droite émission des idées.. Si bien que l'idée, partie de franc-pied au début, finit par s'égarer dans ce labyrinthe où le poëte l'oblige à passer. Bref, l'un et l'autre s'y perdant, le tout finit par un amphigouri plein de brume, où l'esprit hébété ne voit plus rien, mais où l'oreille entend encore siffler la rime comme un merle en un bois touffu.

Poëte avant tout et par dessus tout, M. de Lamartine mit son amour en vers. Dante avait célébré Béatrice, Pétrarque Laure de Sade, il célébra Elvire.

Le siècle était alors en travail d'imagination. Après tant de luttes politiques, de discordes civiles, cortége obligé du profond et complet remaniement de nos lois et de nos institutions; après les terribles et innombrables batailles qu'il fallut livrer pour imposer à l'Europe le respect de cette révolution merveilleuse qui a rajeuni la France caduque et prête à périr de vieillesse monarchique ; quand les corbeaux eurent fait leur besogne à Waterloo, que l'épée nationale fut brisée ; quand tout ce que la France comptait d'hommes d'action dans les armées, dans les assemblées et dans les comités eut fait son œuvre ; quand revinrent, en croupe des barbares, les mauvais conseillers de la royauté ; qu'il n'y eut plus qu'à se repaître et boire, et compter les écus du milliard sur les ruines de la nation, alors, dis-je, apparurent les poëtes, les romanciers, les rêveurs, tous les musiciens de la pensée ; les forts penseurs étant les législateurs et les savants.

Ce fut le tour des inactifs, des tard-venus, de nous autres, enfin, qui allions naître pour ronger nos ongles jusqu'à la chair en songeant aux grandes œuvres de nos pères, aux tables de la loi refaites de leurs mains, aux batailles livrées par eux. Alors, poëtes, et romanciers, et rêveurs, vinrent nous bercer de leurs chansons. Les uns, comme Châteaubriand, vinrent nous parler du bon Dieu, des cloches, des églises, comme à des petits enfants qu'il s'agit de consoler. D'autres, comme Walter Scott et sa vaste lignée, vinrent remplir les heures de notre désœuvrement forcé et nous raconter des aventures fictives, individuelles, sachant bien que notre propre existence n'avait pas de quoi nous intéresser. D'autres... le premier de ces autres sera Byron, nous prenant pour des courtisanes, nous enseignèrent l'ironie et nous baptisèrent, à la fin d'une orgie, des reliefs de leur verre. Quelques-uns, comme Béranger, nous parlaient encore du peuple et de nos gloires.

Pendant vingt-cinq ans, ces hommes représentèrent presque toute l'activité européenne, et c'était encore quelque chose. Car se peut-il imaginer quelque chose de pire qu'un état inactif par les armes et le mouvement des institutions, où la pensée elle-même, châtrée en ses côtés virils, n'a plus même de goût à s'ébattre sur le frivole terrain qu'on lui laisse? Ainsi, l'empire d'Autriche et quelques autres en Europe. Le génie des grandes choses s'y éteint, ensuite celui des petites, et la nation devient une vache ruminante accroupie dans l'immondice et dans la nourriture.

M. de Lamartine fit sa partie dans ce concert. Il chanta l'amour comme il faut pour les énervés, c'est-à-dire un mélange de religiosité et d'amour, que le païen crayon du peintre Prudhon a traduit cyniquement par une image où l'on voit un jeune moine tirant des flots une jeune fille évanouie et lui baisant la bouche. C'est *Jocelyn*. Il fit des vers qu'il nomma des *méditations* et dont le type existait outre-Manche dans Gray et dans toute la compagnie des pêcheurs à la ligne connue sous le nom de *lackistes*.

Les vers étaient beaux. Ils marchaient majestueusement à la file, comme des gentilshommes sur les parquets de Versailles. Ils prenaient des airs de blanche colombe rasant un ciel bleu de leur vol argenté. Ils n'avaient rien de *shocking*. Ils pressentaient une société qui allait se faire prude parce qu'elle devenait hypocrite. Ils pouvaient traîner sur la table d'un salon, et la courtisane, voulant, pour élever sa solde, se donner des manières, les laissait sur son ottomane. La cour et la ville, l'oratoire et le boudoir, le salon du noble faubourg et le bouge doré des filles du quartier d'Antin, firent montre de ces vers, qui n'offensaient ni l'amour, ni la religion, ni le pouvoir.

Il contribua, comme M. de Châteaubriand, à cet élan général de toutes les forces du catholicisme. — Et il eût bien fait, si le catholicisme, au lieu de venir à la rescousse du despotisme en Europe, avait remonté plus avant dans la profondeur des doctrines chrétiennes et avait pris le parti des faibles contre les forts; si, fidèle à son génie révolutionnaire et civilisateur, il ne s'était pas fait le domestique de la contre-révolution; si, en un mot, comprenant mieux les destinées de la race latine, en laquelle il réside principalement, il n'eût pas souffert dans cette race les égorgements de nation contre nation, qui l'affaiblissent au profit de quelques misérables ambitions dynastiques et passagères. Car la démocratie éclairée sait parfaitement que la religion est un des plus grands liens nationaux. Et elle l'eût prouvé si la politique du catholicisme, depuis plusieurs siècles, ne l'obligeait pas à porter ses dieux et sa foi dans le sanctuaire encore debout de la loi civile, à séparer l'Église de l'État, et à laisser les cultes végéter sous l'indifférence d'une protection commune.

Les vers de M. de Lamartine passionnèrent la France. Ils se succédèrent avec une rapidité qui indiquait un auteur fécond. «Ce succès littéraire, le plus brillant du siècle, dit un biographe (1), depuis le *Génie du Christianisme*, ouvrit à M. de Lamartine la carrière diplomatique. »

C'est possible, c'est même probable ; mais je ne puis m'empêcher de me demander quel rapport *Elvire* peut avoir avec la science des diplômes, et en quoi la poésie peut être un acheminement vers ce notariat international qu'on nomme la diplomatie. Est-ce pour montrer au peuple la vanité de cette carrière depuis trente-cinq ans ? Le peuple ne le sait que trop. Est-ce tout bonnement un exemple de plus de ce vieux principe : Il fallait un mathématicien, on mit un danseur ?

____

(1) M. de Loménie.

Quel étrange encouragement aux hommes qui étudient les questions !

M. de Lamartine fut attaché d'ambassade à Naples, puis chargé d'affaires à la légation de Florence. Sa beauté, sa gloire de poëte, captivèrent l'imagination d'une jeune et riche Anglaise qui lui donna sa main. Son oncle mourut, et M. de Lamartine se trouva deux fois riche.

Le second volume des méditations de M. de Lamartine contenait sur l'Italie des paroles humiliantes dont s'offensa le général Pepe. Il y eut un duel. M. de Lamartine fut blessé ; incident de peu d'importance, s'il ne se rattachait pas à cette question italienne si mal comprise, si mal connue par M. de Lamartine.

Si, prenant au sérieux ses fonctions diplomatiques, M. de Lamartine avait alors, au lieu de chanter Elvire, étudié l'état réel de l'Italie, ses ressources, ses tendances, la Révolution de 1848 eût peut-être porté ses fruits. La démocratie française ne se fût pas dévorée elle-même. Il y aurait peut-être aujourd'hui un royaume d'Italie, et la contrérévolution, vaincue à Vienne et à Berlin, aurait peut-être enfin reculé jusqu'à Moscou.

Le *Chant du sacre*, et toutes sortes d'harmonies *poétiques et religieuses*, continuèrent cette carrière poétique dont nous n'avons pas à nous occuper ici. Ces divers ouvrages le menèrent à l'Académie, récompense convenable, plus convenable qu'une fonction publique, qui, en aucun cas, ne doit servir de récompense, mais devrait appartenir de droit au citoyen le plus apte à la remplir.

Charles X le nommait presque en même temps ministre plénipotentiaire en Grèce.

La révolution de Juillet survint avant son départ. Le roi Louis-Philippe n'eût pas mieux demandé que de conserver M. de Lamartine. L'offre lui fut faite de garder ses fonctions. Le poëte refusa noblement. Ce refus est d'autant plus honorable, que l'ambassade de Grèce, en raison des idées classiques que réveille ce sol peuplé de souvenirs anciens et récents, devait être pour lui un poste de prédilection. Le prétexte pour se rattacher au régime nouveau ne lui manquait pas, puisque sa grand'mère, Mme des Rois, avait servi la famille d'Orléans.

Il ne crut pas, d'ailleurs, pousser plus loin le respect dû au malheur, et imiter cette abstention, trop pratiquée par le parti légitimiste et ; depuis quelques années, par le parti républicain. Ce système peut convenir à l'indolence et à la médiocrité. Jamais un homme d'une valeur réelle, dont la carrière n'est pas accomplie, ne s'y résignera.

M. de Lamartine fit très-justement observer alors, que s'il est honorable de prendre sa part du malheur d'autrui, il serait absurde d'accepter la solidarité de fautes dont on est innocent. Il songea donc à entrer dans le mouvement des affaires publiques, et sollicita les suffrages des électeurs de Toulon et de Dunkerque.

Cette double candidature échoua.

On n'a pas oublié la satire qu'écrivit alors l'auteur de la *Némésis :*

Vas présenter sans peur le nom de Lamartine
     Aux électeurs de Jéricho.

Ce satirique eût mieux fait de se taire, devant finir si petitement.

A la suite de cet échec, M. de Lamartine loua un navire à Marseille, et s'embarqua, le 20 mai 1832, avec sa femme et sa fille. Il avait seize hommes d'équipage, quatre canons et tout le comfort possible. Certes, c'est une jolie imagination de poëte, de parcourir ainsi le monde. Byron l'avait fait, et s'en était bien trouvé. Mais ce fut pour M. de Lamartine l'occasion d'un malheur immense, irréparable. Il perdit, à Beyrouth, sa fille unique.

Le pauvre homme quitta le bâtiment sur lequel il était parti fier et joyeux, et s'en revint, la tête basse, par un navire banal. Il avait visité une grande partie de la Grèce et de l'Empire ottoman, et, de ce long voyage, il rapportait le cercueil de son enfant.

Tandis qu'il voyageait, les gens de Dunkerque, se ravisant, l'avaient nommé député. Il entra à la Chambre, et parla pour la première fois, le 4 janvier 1834.

Sa parole était, comme ses vers et sa prose, fort agréable. On l'écouta avec plaisir ; mais à travers le flot de sentiments honnêtes et généreux, de phrases harmonieuses et cadencées qui sortait de sa bouche, il n'était pas facile de se rendre un compte exact de ce qu'il voulait.

Quoi qu'il dise ou quoi qu'il fasse, le poëte a toujours en la tête un orchestre qui lui sonne des airs auxquels il accommode ses actes et ses paroles.

Au surplus, tout en suivant les débats des affaires publiques, il continuait son ancien métier et publia successivement plusieurs poëmes et recueils connus de tout le monde. Dans un petit écrit servant de préface à l'un de ces recueils, il eut, d'ailleurs, le bon sens d'avouer que l'art de rimer ne devait être considéré que comme la distraction des heures de loisir, et que, pour son compte, c'était bien ainsi qu'il l'entendait.

La gent poétique se gendarma un peu de cet aveu ; mais la confession était faite. Il en fallut passer par la décision de celui qui occupait rang de capitaine dans cette rêveuse et agréable compagnie.

Seulement, si l'on doit s'en rapporter à ce

qu'il dit alors, il faut que sa part de loisirs ait été bien large, pour qu'il ait pu trouver le temps de rimer aussi compendieusement.

Il cessa enfin, et parut se donner tout entier à l'accomplissement du mandat que les électeurs de Dunkerque lui avaient confié.

Les députés, selon l'usage, dès qu'un nouveau-venu ouvre la bouche, se demandèrent dans quel camp il allait prendre place. Mais lui ne livra à aucun sa virginité parlementaire. De ceci, qui le blâmerait, connaissant si peu que ce soit le train des affaires publiques? Dans les rangs obscurs où la Providence m'a laissé, j'ai souvent pu observer que les partis sont tout aussi intolérants, exigeants, ingrats et mesquins que les gouvernements. D'où il suit que, les gens sans vergogne disent : Servir pour servir, il y a moins de profit dans les rangs des partis que dans ceux du pouvoir. Ici, l'on travaille pour le compte d'un prince ou d'un président de république, et l'on en reçoit le salaire; là bas, l'on travaille pour le compte de quelque chef ambitieux, et l'on ne reçoit que persécutions. Et quand vient le jour du triomphe, la récompense est plutôt aux nouveau-venus qu'aux anciens serviteurs.

Voilà pour le côté étroit et matériel.

En ce qui concerne les idées que chacun porte en soi, en forme de petit catalogue, et dont il voudrait voir la substance écrite aux tables de la loi, autre déception. Tous les gens qui, par passion, raison ou nécessité, tiennent la plume, éprouvaient une gêne dont ils se crurent bien soulagés en voyant tomber la monarchie de Juillet. Mais à peine le nouveau gouvernement fut-il organisé, à peine M. Cavaignac et tous les autres républicains qui avaient tant escrimé pour la liberté d'écrire et de parler, furent-ils au pouvoir, qu'ils rétablirent les impôts, cautionnements et lois analogues, trouvant la liberté fort bonne pour eux, mais mauvaise pour les autres. Et les gens qui, s'étant enrégimentés à leur suite, avaient jadis risqué leur vie, leur fortune et tout, pour le triomphe de cette idée, se virent frustrés et en furent pour les coups reçus et les pertes essuyées.

C'est ainsi que nous autres, jeunes et néophytes, qui faisions l'expérience de la vie publique en ces temps malheureux, nous aperçûmes bientôt que nous risquions notre avenir et celui des nôtres au profit de gens qui souvent ne nous valaient pas, et quelquefois en l'honneur de parfaits-imbéciles, ce qui dégoûta du métier les plus avisés d'entre nous.

D'où certains peuvent conclure que le sage et vrai patriote est l'homme indépendant qui ne s'enrégimente au service de personne, qui travaille au triomphe de ses propres idées pour le bien public, quand, comment et dans la mesure qu'il entend, portant son appoint du côté qui lui paraît le juste, mais sans s'inféoder à personne. Au moins, s'il attrape à ce jeu quelque amende, prison, ou autre mésaventure, c'est à bon escient, pour son propre compte, pour le triomphe de son opinion et la satisfaction de son franc parler, et non pour le profit de quelque sot ou de quelque brigand.

Chacun, disent ces frondeurs, sait bien de quel côté incline sa pensée, mais ce n'est pas une raison d'entrer dans une bande quelconque et d'accepter le mot d'ordre de caporaux destinés à faire, pendant huit jours, de mauvais sous-préfets.

L'homme de quelque caractère, d'ailleurs, et de quelque hauteur de vue, peut bien être pris pour chef par ceux qui l'admirent et qui trouvent en lui une belle expression de leur pensée politique, mais il ne saurait lui-même trouver en autrui cette pensée telle qu'il l'a conçue, telle qu'il en comprend l'application. Il peut donc commander ou combattre seul; servir, jamais. Il ne peut être que le serviteur de son idée; il ne reconnait d'autre chef ni seigneur.

M. de Lamartine, doué comme il faut pour attirer les hommes, n'avait rien de ce qui est nécessaire pour les retenir. L'instinct d'une nature jadis fière, d'une éducation élevée, de talents supérieurs, l'avertirent de ne pas tomber à la remorque de quelque Cunin-Gridaine ou de quelque Odilon Barrot. Mais la viduité de son esprit ne put faire de lui n un indépendant redoutable, ni un chef capable de représenter le vœu de cette masse de la population, étrangère aux intrigues des partis, qui eût volontiers suivi ses conseils e adopté sa suprématie.

Quelques admirateurs de sa parole et de es vers se groupèrent autour de lui, espéant sans doute qu'un aussi bel instrument ecélait l'idée avec le son. Ils étaient, d'alieurs, peu nombreux.

Quelques lectures de Fourier et de Saint-Simon, les débats économiques auxquels donnèrent lieu l'invasion de ces doctrines, avaient laissé dans la tête de M. de Lamartine le mot *social*. Il le répétait souvent, comme jadis M. Royer-Collard répétait le mot *doctrine*.

On nomma le petit groupe de M. de Lamartine, le *parti social*.

Les prétendues idées sociales de M. de Lamartine n'étaient qu'un ramassis de quelques lieux-communs sur la fraternité, l'humanité, la divinité et autres abstractions dans le goût des logomachies dont certains clubs s'embabouinèrent quinze ans plus tard. Rien de net, rien de sensé, rien de pratique.

La question d'Orient, qui s'agitait alors, prouva que M. de Lamartine n'était pas plus

apte, quoique ayant servi dans la diplomatie, à la politique extérieure qu'aux affaires
économiques et administratives. Il revenait
d'un long voyage en Orient; il avait pu,
comme on dit, étudier la question sur les
lieux, et la seule conclusion qu'il apportait
dans le débat, était de partager l'Empire Ottoman, d'y fonder des villes-modèles, et de
convertir au catholicisme et à la civilisation
les populations de l'Asie.

M. de Lamartine ne demandait que vingt
ans pour fonder la prospérité de ces nations
nouvelles.

Au total, nommé d'abord par les électeurs
légitimistes, il fut ensuite, aux élections générales de 1837, ramené à la chambre par
Bergues et Mâcon. Il opta pour Mâcon. Les
légitimistes l'avaient abandonné à la suite
de divers discours peu conformes à leurs
doctrines.

Le *parti social* vécut autant que celui des
conservateurs-progressistes, imaginé par M. de
Girardin. Quant à M. de Lamartine, il s'é-
tait rapproché du gouvernement et s'intitu-

lait *démocrate-conservateur.* — Des subtilités parlementaires.

Il fut quelquefois question, alors, d'en faire un ministre; mais il se brouilla décidément en 1843 avec la monarchie de Juillet et inclina vers les radicaux.

Enfin, il publia, en 1847, l'*Histoire des Girondins.* Ce livre, écrit à la gloire des hommes de la Révolution, à peu près sans distinction, eut un prodigieux succès. Il tombait dans le courant des idées du temps, et trouva beaucoup de personnes intéressées à le prôner. Aussi amusant à lire qu'un roman et aussi peu vraisemblable, d'ailleurs, il trouva, grâce au talent de son auteur, accès dans toutes les maisons. Il séduisit les imaginations et conquit beaucoup de jeunes têtes à l'idée républicaine. Ce fut une fièvre; mais les gens sérieux se méfièrent de ces conquêtes dues à l'éclat du style de l'écrivain ou à l'éloquence des prédicateurs. Que nous est-il resté du public des *Girondins?*

La discussion de l'adresse, qui survint peu de temps après, ouvrit un beau champ aux hommes éloquents. Sous le régime parlementaire, ce discours au roi permet d'embrasser toutes les questions pendantes. De sorte que chaque orateur est libre de choisir le sujet qui lui est le plus familier, et ne s'en fait faute. Il en résulte que l'ensemble des discours, étant plus chaud et plus poignant, en émeut plus profondément les entrailles de la nation.

Il faut ajouter à ceci que les banquets avaient fort éveillé les esprits d'un bout à l'autre du pays, et que la plupart des peuples de l'Europe étaient, pour ainsi dire, en rut de révolutions. Quand le vase est plein, il suffit d'une goutte pour qu'il déborde. La querelle entre le pouvoir et les réformistes ouvrit les écluses. Et le débordement d'ici fit aussitôt la crue des eaux révolutionnaires à travers l'Europe déjà pleine et gonflée.

En raison de ses écrits et de ses discours à la tribune, M. de Lamartine se trouva donc tout à coup aux premiers rangs des réformateurs quand survint la révolution. Aussitôt que le pouvoir chancela, les journaux radicaux devinrent des officines où s'élaborait la composition du futur gouvernement. Les gens les plus remuants parmi le peuple y venaient conférer avec les journalistes.

M. de Lamartine, à lui seul, dans ces trois jours de trouble, compte pour autant qu'un journal. Il y eut réunion chez lui. A cause de la naissance, de l'habit, du meuble, des façons d'être, de tout ce qui ressort de la fortune, les plus timides et les plus riches des agitateurs se trouvaient mieux en leur pays autour de ce noble compère, qu'auprès des fins matois du *National* ou des rudes compagnons de la *Réforme*.

C'est l'histoire politique de M. de Lamartine que je raconte ici, sans art, et comme le pourrait faire un bonhomme au coin du feu. Il ne s'agit donc point de dresser le tableau de la révolution, mais de suivre les pas du héros où il plut à la fortune et à sa volonté de les porter.

Nous le retrouvons à la Chambre des députés, dans un moment solennel. Le peuple avait couru aux bâtons et aux fusils, levé les pavés, désarmé une partie des troupes, mis le reste à la débandade. Les généraux, sentant branler le manche du grand outil gouvernemental, autrement dit le sceptre, ne voulaient pas courir les chances d'une répression à outrance. Les gens de police avaient disparu comme rats en terre. Les gardes nationaux étaient tombés en pleine Fronde et avaient oublié les intérêts de leur commerce. Le vieux roi, abandonné des courtisans, seul avec sa famille et ses gens, dans son vaste palais, venait d'abdiquer en faveur de son petit-fils. Puis, au bruit des coups de fusil, il avait gagné le jardin avec la reine et quelques-uns de ses enfants et de ses familiers. Il fuyait sa capitale, dans un fiacre, suivi d'une poignée de cavaliers.

Cependant, le peuple, sans gouvernement, était répandu parmi les places et les rues, saccageant le château et le Palais-Royal, courant à l'Hôtel-de-Ville. Les députés essayaient de faire un gouvernement, et la duchesse d'Orléans, trainant ses enfants par la main, éplorée comme Andromaque après la mort d'Hector, offrait son petit enfant aux députés pour qu'ils le reconnussent pour roi, selon la volonté de son grand-père.

C'était un moment solennel. M. de Lamartine était à la tribune, et sa parole, qu'on écoutait toujours avec plaisir, acquérait, par tant d'événements, une importance qui pouvait décider du sort de la nation.

Il hésita longtemps, comme si, placé entre la veuve, son enfant et ce grand anonyme qu'on appelle peuple, son cœur n'eût pu se résoudre à faire un choix. La princesse fixait sur lui ses yeux, armés des pointes de l'anxiété. Le peuple, méfiant, attendait de son côté, craignant que ce gentilhomme démocrate ne faillît à ce qu'on attendait de lui.

Ayant enfin beaucoup parlé sans rien dire, voyant que la patience était à bout, il fit un effort sur lui-même, et, tout en jetant un regard et une parole de regret à la princesse et à l'enfançon dont certains voulaient faire un roi, il se décida pour le peuple, et parla, comme tout le monde, d'un gouvernement provisoire.

Le peuple, armé, cria aussitôt :

« *Vive la République ! à bas la Régence !* »

Il y eut une grande agitation dans la salle.

La princesse avait disparu (1). Une petite fraction du peuple et quelques orateurs démocrates, formèrent alors une sorte de liste de gouvernement provisoire.

Le nom de M. de Lamartine figura au premier rang. Vers, prose, discours, portèrent fruit à cette heure, et le poussaient à une haute fortune politique; parce que tout sert à qui est en chemin d'élévation. On faisait grand bruit. Les enthousiastes sont nombreux chez les gens frottés de littérature, et nuls ne font plus de tapage.

L'un d'eux, le grand artiste dramatique, M. Bocage, cria de sa meilleure voix de théâtre :

« A l'Hôtel-de-Ville ! Lamartine en tête ! »

M. de Lamartine quitta l'assemblée et gagna la rue. Quelques-uns des élus de cette poignée d'hommes sortirent. Les uns allaient à pied, tel autre en fiacre, tel en cabriolet. Une petite bande s'était formée; M. de Lamartine marchait en tête, donnant un bras à

(1) Voir, pour les détails de cette scène, le *Portrait de M*me *la duchesse d'Orléans*.

M. Bastide, l'autre à un célèbre joueur d'échecs, nommé Saint-Amant.

Le peuple est rare en ces quartiers d'hôtels et de palais, et la masse des prolétaires affluait, d'ailleurs, vers la Grève. Çà et là, des morts jonchaient le pavé, tout au travers du quai. Le sang tachait le sol.

Il fallait que la petite troupe passât devant la caserne du quai-d'Orsay. On n'y voyait nulle sentinelle. Elle était muette comme la tombe, mystérieuse comme une embuscade. Les dragons et autres corps d'élite de la cavalerie sont, de tous les soldats, ceux qui haïssent le plus les révolutions et le populaire. Une fusillade pouvait, là, balayer la colonne et envoyer dans l'autre monde une bonne partie du futur gouvernement.

Mais M. de Lamartine est un homme d'un cœur au-dessus de toute crainte. Il marcha droit à la grille et dit :

« J'ai soif, un verre de vin, dragons! »

« Un verre de vin à Lamartine! » cria la foule.

Le vin apporté, M. de Lamartine remplit son verre et invita les dragons à trinquer. On trinqua. La bouteille est toute pleine de fraternité. Les dragons et la foule crièrent : Vive Lamartine ! et acclamèrent aussi le gouvernement provisoire.

La petite colonne se remit en route, M. de Lamartine marchant toujours en tête, comme en triomphe. Sur son chemin, il rencontra une fille, armée de la défroque d'un garde municipal tué dans la lutte, sabre et giberne par dessus le cotillon, shacko en tête. Voyant venir l'homme illustre que la foule acclamait, la catin patriote, dans un mouvement d'enthousiasme, le voulut embrasser, au cri de : Vive la république ! Il eut bien de la peine à s'en débarrasser. Elle se rejeta sur quelque autre moins farouche.

Cela rappelle les femmes de la halle nommant Mirabeau, ce puissant mâle, du sobriquet de *Ma petite mère.*

La multitude adore les gentilshommes démocrates.

A mesure qu'on approchait de l'Hôtel-de-Ville, les barricades se montraient pareilles à de grandes lames que la main du maître du monde aurait arrêtées dans leur marche et

tout à coup cristallisées. La petite colonne
les escalada et vint heurter la foule éparpil-
lée en Grève.

Une de ces colossales fourmillières des fo-
rêts d'Amérique, dont un boulet de canon
renverserait le nid, donnerait en petit l'idée
du peuple de Paris, agité, pressé, remuant,
suant, criant autour du palais de l'Hôtel-de-
Ville. Sous le porche, des cadavres d'hommes et de chevaux, une foule armée,
vociférante, des détonations d'armes à feu
couvrant les voix.

M. de Lamartine errait de salle en salle,
porté sur ces flots humains, haranguant la
foule. On l'applaudissait le plus souvent,
quelquefois on lui criait : Aristocrate ! et l'on
demandait sa tête. D'autres l'envoyaient
chanter.

Le gouvernement provisoire lui avait donné la présidence du conseil. Mais la foule
voulait *voir gouverner*, comme des curieux
regardent les abeilles à travers une ruche
de cristal. Alors la multitude donnait l'as-
saut au gouvernement.

Le gouvernement, comme une ville assiégée, envoyait des détachements faire des sorties. M. de Lamartine était, le plus souvent, chargé de ces expéditions, dans lesquelles il fallait surtout parler. « C'est un util, dit Montaigne (1), parlant de la parole, inventé pour manier et agiter une tourbe et une commune desréglée ; et cet util, qui ne s'employe qu'aux estats malades comme la médecine. » Les gens étaient fort en colère quand M. de Lamartine arrivait ; ils lui disaient des injures, on lui tira même un coup de pistolet. Mais quand, par artifice, il était parvenu à les engager dans quelques discours, ils devenaient comme des agneaux. On l'appelait endormeur, et pourtant on se laissait endormir. Lui-même, endormi par les applaudissements des hautes classes, trahissait la Révolution sans s'en apercevoir, leur donnant pour loyer de leur admiration ce qu'ils souhaitaient le plus : la déviation du principe républicain, et pourtant croyant rendre la République possible et la servir.

Il conserva ainsi à la République le dra-

(1) *De la Vanité des paroles,* ch. LI, *Essais.*

peau de la monarchie de Juillet et repoussa le drapeau rouge en disant : « Le drapeau rouge n'a jamais fait que le tour du Champ-de-Mars, trainé dans le sang du peuple, et le drapeau tricolore a fait le tour du monde, avec le nom, la gloire et la liberté de la patrie ! »

La couleur, au fond, ne signifiait rien. Mais, en temps de révolution, ces insignes prennent une puissance de symbole inimaginable. La contre-révolution comprit, par ce seul fait, qu'elle avait gagné la première bataille contre la République. Le nom de M. de Lamartine, par cette confusion, grandit en renommée.

Le drapeau rouge rentra dans l'ombre. Symbole de sang et de honte, selon M. de Lamartine, qui en eût voulu ? Mais, à vrai dire, ce drapeau, tant conspué depuis, n'est autre chose, on le sait, que la couleur de l'antique oriflamme de la nation française. A ce point de vue, il est aussi glorieux que tout autre insigne de plus récente date.

Le lendemain de cette harangue, qui fut si profitable à la gloire de M. de Lamartine, il proposa au gouvernement provisoire d'abolir la peine de mort en matière politique.

Si la nation, cette fois, avait pu se métamorphoser en un seul individu, elle eût embrassé l'homme dont les idées répondaient si bien au sentiment général. C'est une opinion assez commune qu'il dépend d'un gouvernement d'abolir la peine de mort en telle ou telle matière, parce qu'ici l'imagination publique attribue au pouvoir une virtualité sans bornes. On ne comprend pas que la raison de telle ou telle loi qui choque les moralistes, réside presque toujours dans notre propre imperfection et dans le fond cruel et farouche de nos mœurs. Les diamants, les équipages, tout l'éclat de l'opulence et de cette perfection matérielle qu'on décore du nom de civilisation, n'y font rien. En trois jours de guerre civile, tout ce vernis s'efface, et le bipède humain reparaît chez nous dans toute sa gauloise férocité.

Telle est la vraie raison de l'imperfection des lois qui régissent les sociétés humaines. Il ne faut pas chercher ailleurs que dans le cœur même de l'homme la cause de l'immensité qui *nous sépare de l'idéal.*

De fait, si telles et telles lois, contre l'existence desquelles protestent les hommes les plus justes et les plus éclairés de toutes les nations, étaient, en réalité, odieuses au genre humain, il ne souffrirait pas leur existence pendant seulement vingt-quatre heures. Il ne manque jamais de bourreaux pour trancher la tête des condamnés, de menuisiers et de couteliers pour fabriquer la guillotine, de jurés et de juges pour condamner au supplice, et de curieux pour y assister sans protestation aucune.

Donc, il y a au fond de toutes ces questions, il y a dans ces applaudissements dont on comble les réformateurs, beaucoup de vantardise de cœur et d'hypocrisie sentimentale. C'est pour avoir mille fois, bénévolement et naïvement, glorifié ces vices secrets, que M. de Lamartine reçut tant d'applaudissements. Outre qu'alors il rassurait tous les timides qui, ayant lu quelque peu ou ouï parler de l'histoire de la Révolution, s'imaginaient obscurs, ignorés et nuls par l'esprit comme par la fortune, que la République allait bientôt les découvrir en leur gîte et leur couper le col. Il eut donc pour lui la lâcheté en même temps que la fausse générosité, unies à l'utopie et à l'enthousiasme naïf.

Le gouvernement provisoire écarta d'abord cette motion. Mais M. Louis Blanc venant en aide, le lendemain même le décret fut enlevé séance tenante.

M. de Lamartine le lut au peuple du haut du perron de l'Hôtel-de-Ville. Chaque fois qu'il montrait sa noble face au populaire, c'était toujours avec l'air de satisfaction d'un messager de bonnes nouvelles. De sorte que prolétaires, et surtout nobles et bourgeois, s'accoutumaient à le regarder comme un héraut de clémence et comme un transacteur général entre la Révolution et la Contre-révolution.

Cette apothéose d'une individualité politique plus vaine et plus vague que vent et brume, allait bientôt atteindre le plus haut degré d'exaltation.

Outre ses fonctions de membre du gouvernement provisoire, M. de Lamartine

exerçait celles de ministre des affaires étrangères. Dans une circulaire adressée aux
agents diplomatiques de la République française, il exposa les principes et les tendances
qui, selon lui, devaient diriger la politique
du gouvernement provisoire.

Ce morceau de littérature politique excita
des transports d'admiration tels, que s'il eût
été loisible alors à M. de Lamartine de demander au peuple français la présidence de la
République; ou, à son défaut, la couronne de
France, on la lui eût octroyée sans difficulté,
tant ce peuple folâtre et bon enfant mar-
chande peu avec les objets de ses caprices.

Il était dit, dans cette fameuse circulaire :

1° Que la proclamation de la République
française n'était un acte d'agression contre
aucune forme de gouvernement dans le
monde; — ce qui voulait dire à l'Autriche et
à la Russie, par exemple : Dormez en paix
dans votre despotisme.

2° Que la guerre n'était pas le principe de
la République française, — c'est-à-dire que
la République française en était, comme
Louis-Philippe, au chacun chez soi, chacun

pour soi ; que les vieux censitaires pouvaient
dormir sur l'une et l'autre oreille, et que,
sauf le nom du gouvernement, il n'y avait
rien de changé.

3° Que ces idées pacifiques et égoïstes,
avaient un noble objet, celui de faire réfléchir les souverains et les peuples, — ce qui
signifie, sans doute, faire réfléchir les souverains sur la bêtise des peuples capables de
se donner de tels chefs, et faire réfléchir les
peuples sur la vanité des révolutions.

4° Que, malgré cette ardeur pacifique, la
France ne désirait rien tant que la guerre, et
qu'elle serait au comble du bonheur si quelqu'un voulait bien prendre la peine de la
lui déclarer, — ce qui ne voulait rien dire
du tout, sinon que l'auteur de la circulaire
donnait de l'eau bénite à tout le monde et
n'était pas plus sûr de ce qu'il disait que de
ce qu'il voulait.

5° Et il ne craignait pas de faire observer
à l'agent, stupéfait, sans doute, que ce ga-
limatias, décoré du nom de *principes*, était
l'exposé des principes de la France, de sang-
froid.

6° Et d'ajouter que les traités de 1815 n'existaient plus en droit...

7° Mais qu'ils existaient encore en fait...

8° Et que la République s'en émancipait, sans pourtant vouloir déranger personne.

9° Qu'enfin, si l'heure de la reconstruction de quelques nationalités opprimées en Europe, ou ailleurs, paraissait avoir sonné dans les décrets de la Providence (qu'est-ce qu'une heure qui sonne dans un décret)? que si la Suisse était menacée; que si les États indépendants de l'Italie étaient envahis; si l'on imposait des limites ou des obstacles à leurs transformations intérieures; si on leur contestait à main armée le droit de s'allier entre eux pour consolider une patrie italienne, la République française se croirait en droit d'armer elle-même pour protéger ces mouvements légitimes de croissance et de nationalité des peuples.

Où était la vérité? Au commencement ou à la fin? Chacun choisit selon son goût. Les pacifiques s'en tinrent au début de la circulaire; les belliqueux ne firent cas que de ce dernier paragraphe. Les agents se dirent:

restons au port d'armes. Et la multitude, sa-
tisfaite de rencontrer un texte assez trouble
pour répondre au trouble des esprits, éclata
en applaudissements, disant : rien n'est plus
clair, rien n'est plus logique, rien n'est plus
conforme à nos vœux et à nos espérances ;
le citoyen Lamartine est un grand politique,
nommons Lamartine !

Mais les nationalités opprimées auxquelles
il était fait de si belles et si positives pro-
messes, crurent de bonne foi que l'heure de
leur constitution avait sonné à l'horloge des
décrets de la Providence. L'Italie, notam-
ment, dont il était fait mention spéciale,
remplit à point nommé toutes les conditions
du programme de M. de Lamartine. L'Autriche, de son côté, ne manqua pas de *con-
tester, à main armée*, aux Italiens, *le droit de
s'allier entre eux pour consolider une patrie
italienne*. Mais, contrairement à la promesse
de M. de Lamartine, la France ne se crut
pas *en droit d'armer elle-même pour protéger
ces mouvements légitimes de croissance et de
nationalité des peuples*. L'Italie fut écrasée
par Haynau et Radetzki.

Pour tout dire, M. de Lamartine ne croyait pas à l'Italie. Ce n'est pas lui qui se fût écrié : « Nous avons découvert l'Italie, ce qui vaut mieux que l'Amérique ! » Sa politique, à lui, si toutefois on peut décorer de ce nom un plan manifestement dépourvu de sens et d'équité, sa politique à l'égard de l'Italie, consistait à abandonner la Vénétie à l'Autriche, à la condition qu'elle cédât la Lombardie au royaume de Sardaigne.

L'espace nous manque, ici, pour donner une idée de l'état de l'Europe en 1848. Mais la mémoire du lecteur suppléera aisément à cette lacune. On sait que cette question des nationalités n'est plus seulement une affaire isolée, un malheur particulier à la Pologne et à l'Italie. Elle embrasse presque toute la carte d'Europe et se rattache à une tendance générale, aussi bien dans les États constitués que chez les peuples asservis, vers un remaniement profond qui embrasse non-seulement la Pologne, la Hongrie et l'Italie, non-seulement les Roumains, les Grecs, les Slaves du sud, mais encore les États scandinaves et les États allemands.

Le soulèvement à peu près général qui éclata en 1848, soulèvement parallèle au mouvement français, mais spontané et résultant de l'état des esprits en Europe bien plutôt que d'un signal parti de tel ou tel point,— ce soulèvement, dis-je, est une révélation nouvelle de la Révolution. C'est la diplomatie des peuples qui tend à se substituer à la diplomatie des rois ; c'est un principe nouveau, principe de droit et d'équité qui tend à s'introduire dans les relations internationales et à remplacer le vieux système d'équilibre et de pondération imaginé il y a deux ou trois siècles.

Un ministre des affaires étrangères, en France, le lendemain de la Révolution de Février, qui eût compris ce principe nouveau, qui en eût étudié les propriétés, la valeur, qui en eût suivi dans les faits le large et profond symptôme, qui s'en fût pénétré jusqu'à la moelle et y eût dévoué sa vie, un tel ministre eût, par cela seul, compris la mission du génie français, et montré à la seconde République, par où ses diplomates et ses soldats pouvaient continuer l'œuvre de 1789.

M. de Lamartine n'envisagea pas la crise européenne à ce point de vue. Il n'apparait même, dans aucun des documents qui marquent la trace de son passage au ministère des affaires étrangères, qu'il se soit rendu compte du principe général de la crise et qu'il en ait bien saisi le caractère et les tendances. Son Manifeste eût accusé cette préoccupation ; et, à défaut du Manifeste, sa ligne de conduite en eût donné des signes.

Or, quelle fut cette ligne de conduite ? La voici tracée de la propre main de M. de Lamartine, avec cette candeur qui le caractérise, candeur de poëte, de gentilhomme, d'homme opulent, de bel homme et d'homme de talent ; comme si le talent, la naissance, la fortune et la beauté pouvaient infuser la connaissance des questions et le génie de les résoudre ! Avec cette candeur que rien n'étonne, il traça la ligne de conduite suivante :

« Attendre avec dignité l'Angleterre. — Rechercher la Prusse. — Observer la Russie.

— Calmer la Pologne. — Caresser l'Allema-
gne. — Éviter l'Autriche. — Sourire à l'Italie.
— Rassurer la Turquie. — Abandonner
l'Espagne à elle même. »

Est-ce Elvire ou M. de Lamartine qui parle
ici ? Dans quel vocabulaire de ruelle ce langage diplomatique a-t-il été puisé ? Est-ce
que M. de Lamartine prend les nations pour
des femmes ? Qu'est-ce que c'est que ces
airs de dignité, ces calmants, ces caresses,
ces sourires, ces abandons ? Quel est ce langage d'un ministre républicain aux agents
diplomatiques ? Est-ce Mme de Pompadour et
M. de Bernis qui, sur une vieille carte de
Tendre, tracent en termes galants l'esquisse
d'une diplomatie ?

O misère ! misère des peuples, qui, pour
quelques vers coulants et colorés, pour quelques discours accentués d'un timbre de voix
agréable et arrondis en périodes sonores,
confient leurs plus hautes destinées à de tels
hommes ! Allez donc, malheureux prolétaires, exposer vos poitrines aux balles des
soldats, laissez au logis vos femmes pâles et
vos enfants éplorés, et si vous échappez à

la mitraille, vous n'échapperez pas à vos admirations stupides et à vos suffrages insensés!

En quinze jours, M. de Lamartine passa pour le sauveur de la France. Il avait écarté le drapeau rouge, proclamé l'abolition de la peine de mort, assuré la paix par son Manifeste. Son noble cœur, sa probité, son magnifique talent, son syncrétisme universel qui lui permettaient de frayer avec les membres les plus exaltés de la réaction et de la révolution, tout cela faisait de lui un être à part, un demi-dieu. Tout le monde espérait en lui, et il ne décourageait personne, heureux, naïvement heureux, comme un poëte applaudi, et trop bon pour faire de la peine à quelqu'un. Loyal dans ce rôle impossible, seul, parmi ses collègues, il ne souffrit pas qu'on arrêtât M. Blanqui.

Cet homme était un mirage. Dupe de lui-même, d'ailleurs, il partageait l'erreur qu'il propageait, se préparant à lui-même et à la République le plus triste réveil.

Tout alla bien jusqu'aux élections.

C'est même alors que la reconnaissance

du pays envers M. de Lamartine se mani-
festa au grand jour. Dix départements se
disputèrent l'honneur de l'envoyer à l'Assemblée nationale et lui donnèrent leurs
suffrages.

Ce fut le dernier effort de la fortune en
faveur du poëte-homme d'État. Le gouvernement provisoire étant dissous, M. de Lamartine entra dans la commission exécutive,
composée de cinq membres. La commission
elle-même sombra dans la tempête de juin
et fut remplacée par la dictature de M. Cavaignac. -

Jamais homme ne fut en aussi peu de
temps précipité du faîte de la popularité
dans l'indifférence et dans l'oubli. Aux élections pour la présidence de la République,
M. de Lamartine, qui avait jadis obtenu plus
d'un million de suffrages, retrouva seulement une quinzaine de mille voix.

La réaction ayant tiré de lui tout ce qu'elle
en pouvait tirer, l'abandonnait. Les républicains, s'apercevant de son impuissance politique, déploraient leur erreur. L'opinion se
retirait de ce héros d'un jour. L'Assemblée

nationale n'écoutait même plus ses longs discours. Sa parole vide, impuissante, tombait dans des oreilles ennuyées. Ses propres illusions s'éteignaient les unes après les autres, comme les cierges du temple sous la main vulgaire du sacristain, après la messe. Il restait nul, isolé, découragé, enveloppé de ténèbres; il assistait vivant aux funérailles de sa propre gloire, parmi les derniers jours de cette république qu'il avait acclamée, et qui, elle aussi, s'en allait au cimetière.

Quel songe amer, quelle funeste fin, cette fin sans grandeurs, sans tempête, sans incidents tragiques, sans quelqu'une de ces adversités dans lesquelles on sent l'impitoyable main du destin et qui ennoblissent l'infortune!

Oublié, il avait repris sa plume et s'était mis à écrire avec une fébrile activité, comme si l'on recommençait la vie à soixante ans!

D'abord il essaya de justifier ses actes et écrivit l'histoire de la Révolution de 1848. Étrange histoire! toute pleine d'erreurs matérielles qui prouvent que l'auteur, acteur lui-même du drame qu'il raconte, n'a pas même su exactement ce qui se passait autour de lui.

Il publia ensuite un journal mensuel intitulé le *Conseiller du Peuple.*

Puis, retombant dans les rêves du passé, faisant un retour sur ses débuts dans la vie, il raconta, sous le titre de *Confidences*, ses premières impressions, ses amours d'adolescent. Les journaux publiaient cela dans leurs feuilletons. Quelques jolis romans, un journal biographique, le *Civilisateur*, et des histoires *sur commande* : l'*Histoire de la Restauration*, celles de *Russie*, de *César*, se succédèrent avec une rapidité qui prouvait chez lui la plus étonnante facilité en même temps que l'abus que l'on en peut faire.

Ces romans surprirent le public et charmèrent les femmes. Voici un fragment de *Raphaël*, qui peut donner une idée de la manière de M. de Lamartine :

« Nous nous regardions sans parler d'abord, comme étonnés de notre bonheur. Je me rapprochais de la table auprès de laquelle

Julie travaillait à la lampe, à quelque ouvrage de femme. L'ouvrage s'échappait de ses doigts distraits; nos regards s'épanouissaient; nos lèvres se descellaient; nos cœurs débordaient; nos paroles, pressées comme des flots contenus par une ouverture trop étroite, hésitaient d'abord à couler. Elles n'épanchaient que goutte à goutte le torrent de nos pensées. Nous ne pouvions choisir assez vite, dans la confusion de choses que nous avions à nous dire, celles que nous étions le plus pressés de nous révéler. Quelquefois, il se faisait un long silence, par l'embarras même et par l'excès des paroles qui s'accumulaient dans nos cœurs sans pouvoir en sortir. Puis, elles commençaient à couler lentement, comme ces premières gouttes qui décident la nue à se fondre et à éclater.

« Ces premières paroles appelaient d'autres paroles qui leur répondaient. Le son de voix de l'un entraînait le son de voix de l'autre, comme un enfant qui se précipite entraîne l'autre en tombant. Nos paroles se confondaient un moment, sans ordre, sans réponse et sans suite ; aucun des deux ne voulant laisser à l'autre le bonheur de le devancer dans l'expression du sentiment commun. Chacun des deux croyait avoir éprouvé, le premier, ce qu'il révélait de ses pensées, depuis l'entretien de la veille ou depuis la lettre du matin. Ce débordement tumultueux, dont nous finissions par rougir et par rire, s'apaisait enfin ; il faisait place à un calme épanchement de nos lèvres, qui répandaient, ensemble ou alternativement, la plénitude de leurs expressions. C'était un transvasement continu et murmurant, de l'âme de l'un dans celle de l'autre, un échange sans réserve de nos deux natures, une transmutation complète d'elle en moi et de moi en elle, par la communication réciproque de tout ce qui vivait, sentait, pensait ou brûlait en nous. Jamais, sans doute, deux êtres irréprochables dans leurs regards et dans leurs pensées même, ne mirent plus à nu leur cœur l'un devant l'autre, et ne se découvrirent plus immatériellement le fond le plus mystérieux de leurs sentiments. Cette innocente nudité de nos âmes restait chaste quoique dévoilée. Elle était comme la lumière, tout, et qui ne souille rien. Nous n'avions à nous révéler que l'amour sans tache qui nous purifiait en nous embrasant. »

« Cet amour, par sa pureté même, se renouvelait sans cesse avec les mêmes lueurs dans l'âme, les mêmes rosées sur les yeux, les mêmes saveurs virginales de premier aveu. Tous les jours étaient comme le premier jour ; tous les moments étaient semblables à cet ineffable moment où on le sent éclore en soi et se répéter dans le cœur et dans le regard d'un autre soi-même ; toujours fleur, toujours parfum, toujours ivresse, parce que le fruit n'en sera jamais cueilli. »

C'est charmant ; mais comment a-t-on pu écrire de pareilles choses après avoir gouverné la France ?

Comme Walter Scott se livrant à un travail effréné pour réparer sa fortune, M. de Lamartine cherche aussi, à l'aide d'un peu d'encre et de papier, à reconstituer son patrimoine ébréché. Rude et difficile besogne,

pour laquelle nous lui souhaitons une par-
faite réussite.

Pour arriver plus promptement à ce but,
M. de Lamartine, en publiant un *Cours de
littérature* par cahiers mensuels, a fait appel
à la générosité des Français. Le besoin d'ar-
gent est la pire des servitudes. — Beaucoup
de personnes ont blâmé M. de Lamartine
d'avoir consenti à une pareille démarche.

Nous n'émettrons, pour notre part, ni ap-
probation ni blâme, n'ayant consigné le fait
que pour mémoire, estimant, d'ailleurs, que
ceci ne nous regarde pas. Ce sont les affaires
de l'homme privé et non les nôtres.

La part de ce personnage illustre aux affaires publiques de ce pays est plus intéres-
sante pour nous que le triste détail des
incidents de sa chute et de ses ennuis do-
mestiques. Nous laisserons dans l'ombre
l'homme tombé. Ces singularités de la fortune peuvent tenter le génie du chroniqueur
ou du romancier. L'écrivain historique n'en a
nul souci. Nous n'avons écrit ici que ce que
nous aurions pu articuler à la tribune si nos
concitoyens nous y eussent convié.

La carrière politique de M. de Lamartine paraît close pour jamais. Il a aujourd'hui soixante-huit ans. Son nom est usé. Il a fatigué le public par trop d'écrits et de paroles pour qu'il soit autre chose aujourd'hui pour lui qu'un souvenir.

A considérer cette carrière dans son ensemble, on y trouve ceci de remarquable, en ces temps de révolutions, et de changements de régime, qu'elle n'est souillée d'aucune lâcheté matérielle. M. de Lamartine a eu bien des erreurs, il a cédé à bien des illusions; mais il n'a jamais trahi, comme Judas, pour de la monnaie, ni comme tant d'autres, pour quelque lambeau de pouvoir. Il a dit au public: Viens-moi en aide, je te prie. Mais il ne l'a pas exploité dans de basses entreprises. Il n'a pas non plus prostitué son nom à la Bourse. Il a été trop épris de lui-même; mais son admiration pour les autres n'a pas été inférieure à celle qu'il se vouait à lui-même. Homme de grand talent, galant homme, plein de bonne volonté, il a fait beaucoup de mal à la cause

qu'il croyait servir. Il a cru sauver la Révolution, il n'a sauvé que la réaction.

Et pourtant on l'aime. — Et moi-même,
malgré la sévérité de ces appréciations; malgré la certitude que me donnent les faits,
bien que peu d'hommes aient été plus que
lui comblés des dons de la fortune et de la
nature, bien que ses misères dorées fassent
pitié à tout homme qui a connu les misères
du peuple et les misères de la vie politique
et littéraire, — je le plains et je l'aime.

FIN.

DICTIONNAIRE

DE LA

CONVERSATION

ET DE LA LECTURE

INVENTAIRE RAISONNÉ

DES NOTIONS GÉNÉRALES LES PLUS INDISPENSABLES A TOUS

CONTENANT ALPHABÉTIQUEMENT CLASSÉS ENVIRON 80,000 ARTICLES

RELATIFS A L'ENSEMBLE DES CONNAISSANCES HUMAINES

PAR

UNE SOCIÉTÉ DE SAVANTS ET DE GENS DE LETTRES

SOUS LA DIRECTION DE M. W. DUCKETT

SECONDE ÉDITION

IMPRIMÉE PAR MM. FIRMIN DIDOT FRÈRES

SEIZE VOLUMES *grand in-8° Panthéon littéraire, de 800 pages chacun,* divisés en 160 LIVRAISONS, *renfermant les 68 volumes de la 1re édition, entièrement refondus, corrigés et augmentés de plus de 10,000 articles tout d'actualité.*

LE TREIZIÈME VOLUME EST EN VENTE

Le Dictionnaire de la Conversation, la plus *complète,* la plus *actuelle* des encyclopédies, où environ 80,000 articles comprenant l'universalité des sciences se trouvent alphabétiquement classés, est, on peut le dire, aux travaux de l'esprit et au monde de l'intelligence, ce qu'un almanach d'adresses est aux besoins du commerce et au domaine de l'industrie. Ce n'est pas seulement un manuel explicatif des termes dont la science fait usage, ou encore un aide-mémoire universel, mais surtout un arsenal d'idées sagement mûries sur la plupart des questions scientifiques et littéraires, et de jugements impartialement motivés sur les hommes et sur les faits du passé, comme sur les événements d'hier et les réputations du jour.

Ces renseignements, on peut être certain de les trouver dans le DICTIONNAIRE DE LA CONVERSATION, « livre immense, a dit un de nos plus ingénieux critiques, qui est toute biographie, toute science, toute anecdote, tout journal; » livre où la science se fait humble et parle une langue à la portée de tous; où d'ailleurs la fantaisie de l'écrivain se donne libre carrière sur tous les sujets qui le comportent, et où dès lors, grâce à l'heureux pêle-mêle de l'ordre alphabétique, on peut rencontrer partout, à côté de faits positifs, essentiels à connaître et relatifs aux diverses branches des connaissances humaines, des pages signées par nos premiers écrivains contemporains, et dans lesquelles la grâce ou bien la profondeur de la pensée, toujours la magie du style, se réunissent pour captiver le lecteur.

Rien de plus facile que de se convaincre, par la comparaison des soixante-douze *livraisons* aujourd'hui en vente avec les volumes correspondants de la première édition, que c'est bien là un ouvrage *refondu, corrigé et augmenté.*

La première édition du Dictionnaire se compose de 52 volumes édités par feu Belin-Mandar, et d'un *Supplément* en 16 volumes publié par MM. Garnier frères; en tout 68 volumes, qui, en y comprenant les frais de reliure évalués au plus bas, seront revenus aux acquéreurs à près de QUATRE CENTS FRANCS.

La SECONDE ÉDITION, imprimée avec le luxe et le soin que réclamait un ouvrage de cette importance, COUTERA MOITIÉ MOINS.